AF356015

# SOCIÉTÉ INTERNATIONALE

## DE

# SECOURS AUX BLESSÉS

## DES

## ARMÉES DE TERRE ET DE MER.



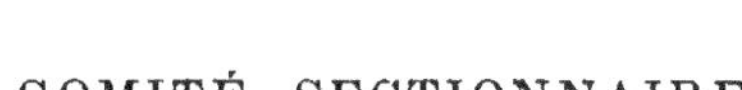

## COMITÉ SECTIONNAIRE

### DES ARRONDISSEMENTS

# DE VANNES ET DE PLOERMEL

### (MORBIHAN).

VANNES,

IMPRIMERIE DE L. GALLES, RUE DE LA PRÉFECTURE.

1873.

# COMPTE-RENDU

## DES

# OPÉRATIONS PENDANT LA GUERRE (1870-1871)

### PAR LE D' MAURICET, PRÉSIDENT.

(Extrait du procès-verbal de la séance du 20 décembre 1872)

MESSIEURS,

Pendant le cours de la guerre qui a si douloureusement éprouvé notre pays, le département du Morbihan n'est resté en arrière d'aucun autre ni pour le patriotisme ni pour la charité. Pendant que plusieurs de ses enfants mouraient sur les champs de bataille, les autres s'empressaient de se faire inscrire pour les remplacer, devançant l'appel légal ou refusant de tirer parti des indemnités que la loi accordait à leur âge ou à leur position.

Je n'ai pas à vous retracer le courage de nos jeunes compatriotes, les privations qu'ils ont noblement supportées, les exemples de subordination et de soumission à la discipline qu'ils ont donnés et qui leur ont fait une réputation bien méritée.

Notre tâche est plus modeste : au moment où nous allons nous séparer, je viens vous rappeler les travaux de notre Comité, et soumettre à l'appréciation de nos concitoyens et de l'Association internationale de secours aux blessés, les efforts que nous avons faits pour nous montrer dignes d'une confraternité qui nous honore.

Dès le 21 juillet 1870, M. Aché, alors maire de Vannes, convoquait à la mairie une réunion des habitants notables ou influents de notre ville.

Sans distinction d'opinion, de position sociale, une portion nombreuse de la population répondait à cet appel, se pressait dans les salles de l'hôtel de ville, souscrivant les uns pour des dons patriotiques, les autres (et c'était le plus grand nombre) pour l'Œuvre des secours aux blessés.

Des délégués étaient choisis par acclamation et chargés de réunir les offrandes de nos concitoyens en argent, en comestibles, en linge, en matériel d'ambulance de tout genre et de toute nature.

Je ne puis désigner à la reconnaissance publique toutes les personnes qui concoururent à stimuler et à régulariser la bienfaisance et le patriotisme, mais je ne puis refuser un souvenir douloureux et sympathique à l'un de nos compatriotes, victime de son zèle dans cette mission de charité. M. Verge, à peine convalescent d'une maladie grave, ne voulut pas écouter les conseils de la prudence. Il se multiplia, il usa le peu de forces qui lui restait. Une rechute mortelle fut la conséquence de cette fatigue exagérée.

Une émulation générale s'était emparée de tous les cœurs. La société chorale se concertait avec l'autorité ecclésiastique pour la célébration de saluts, où se faisaient des quêtes dont le produit était affecté au secours des blessés.

Des jeunes filles jouissant d'une aisance relative et placées au-dessus des besoins matériels de la vie, s'offraient spontanément pour remplir aux armées les fonctions d'infirmières ; elles furent remerciées avec éloge par le Comité central, mais leurs services ne furent pas acceptés, leur position eut été anormale et nullement en harmonie avec l'organisation du service militaire.

Des ouvriers consacraient bénévolement leurs heures de loisir à emballer les objets destinés au Comité de Paris.

Les communes rurales et plusieurs villes voisines nous envoyaient leurs offrandes.

Que tous reçoivent ici nos remerciements et les remerciements du Comité central dont nous sommes les interprètes.

Une somme de 8,449 fr., plus de 2,000 kilogrammes de linge et de charpie, d'une finesse et d'une qualité supérieures furent le produit de cette première collecte, et suivant l'intention formellement exprimée par les donataires, adressés au Comité international de secours aux blessés; siégeant alors à Paris, au Palais de l'Industrie.

Mais au milieu de septembre, Paris fut investi et séparé du reste de la France. Le Gouvernement se partagea en deux ; une partie de ses membres s'enferma dans la capitale, une autre se rendit à Tours pour organiser la défense nationale dans les départements et préparer, s'il se pouvait, la délivrance de Paris.

La Société internationale imita l'exemple du Gouvernement. M. Foucher de Careil et M. Beulé organisèrent pour les blessés de nos armées des Comités sectionnaires destinés à fonctionner isolément et en dehors du Comité central, qui se trouvait privé de relations avec le reste de la France.

Le Morbihan reçut le 22 septembre la visite de M. Beulé.

Pour faciliter nos opérations, deux Sous-Comités se partagèrent le département du Morbihan ; l'un fut chargé des arrondissements de Lorient et de Pontivy, l'autre des arrondissements de Vannes et de Ploërmel.

En instituant notre Comité, M Beulé nous donna ces instructions formelles : « Tâchez de vous suffire à vous-mêmes
» et de venir, dans la limite du possible, en aide aux départements les plus malheureux. Priez les dames de vous aider
» dans la mission qui vous est confiée, la charité des femmes

» est inépuisable. Ne vous recrutez pas parmi les fonction-
» naires, leur position offre trop peu de stabilité et leur
» attache au Gouvernement les rend peu sympathiques aux
» populations. »

Les instructions de M. Beulé ont présidé à votre organisation, vous vous êtes adressés à un comité de dames qui
s'est chargé de réunir les dons en linge et en vêtements, d'uti-
liser les objets les plus défectueux et d'en tirer le meilleur
parti possible pour former un nouveau matériel d'ambulance.
Vous trouverez à la suite de ce rapport le nom des dames qui
ont constitué ce Comité. Mais je ne dois pas taire les noms de
dames qui, en dehors de ce Comité central, vous ont rendu des
services modestes, mais non moins importants, et dont l'activité ne s'est pas ralentie pendant toute la durée de la guerre.

Leurs occupations ne leur permettaient pas de venir tra-
vailler aux lieux et aux moments fixés pour le travail en
commun. Ce sont surtout Mesdames Le Floc et Pérès, cou-
turières, Philippe et Fêtu, propriétaires. Les premières ont
ouvert leurs ateliers à de nombreuses ouvrières et ont utilisé
pour des œuvres de charité des heures qu'elles auraient pu
réserver pour leur repos ou employer à un travail lucratif.

Mesdames Philippe et Fêtu aimant la vie paisible et solitaire
ont déployé une activité rare et que l'on pourrait à peine
attendre d'ouvrières consommées.

Les dons de toute nature, en comestibles, en vin, en eau-
de-vie, en tabac, en ustensiles de cuisine et de campement
vous furent adressés, et je citerai en première ligne une
expédition d'eau-de-vie et de vin du meilleur choix qui vous
a été adressée par le Comité de Bordeaux.

Monseigneur l'Évêque de Vannes, dont le zèle dans nos
malheurs a été infatigable comme la charité de son clergé et
de ses diocésains, a ordonné des quêtes dans toutes les églises
soumises à sa juridiction épiscopale. Ces quêtes ont été fruc-
tueuses, elles ont produit une vingtaine de mille francs qui
ont été partagés avec le Comité de Lorient et des personnes
charitables d'Hennebont.

Grâce à ces secours, nous avons pu subvenir à la détresse des ambulances des gardes-nationales mobilisées du Morbihan.

L'appel aux armes de ces gardes-nationales modifia la composition de votre Comité. Plusieurs de nos collègues nous quittèrent pour le service militaire actif et furent remplacés, suivant les instructions du Comité central, par des hommes que leur âge ou leur position sociale plaçaient en dehors de toute réquisition.

L'approche de l'ennemi faisait prévoir l'arrivée et le passage de nombreux blessés. Le Comité central nous en donna l'avis. Les édifices municipaux, les communautés religieuses, les maisons des pauvres comme des riches s'ouvrirent à votre appel ; chacun s'empressa d'offrir par votre intermédiaire et sous votre surveillance l'hospitalité à nos malheureux blessés ; on réservait aux malades atteints d'affections contagieuses les hôpitaux ou les ambulances établies dans des édifices vastes et isolés autant que possible.

L'arrivée des blessés, leur passage à notre gare exigeait un service particulier. Vous avez fait ici, Messieurs, acte d'une grande abnégation et d'un grand dévouement. Vous vous êtes imposé la tâche d'avoir toujours à la gare, et à chaque train de voyageurs, deux représentants de notre Comité. Pas un blessé, pas un malade, ne passait à Vannes sans recevoir de vous des rafraichissements et des consolations. Tous les propriétaires de voitures s'étaient empressés de mettre à votre disposition les moyens de transport pour les militaires blessés ou malades qui devaient s'arrêter dans notre ville. Jamais ce service n'a subi le plus léger retard, et vous avez pu un jour transporter à leurs destinations respectives 150 malades ou blessés, en moins d'une heure et sans que ces malheureux aient éprouvé d'autres souffrances que celles qui tenaient essentiellement à leurs blessures ou à leur état de faiblesse.

Rendons ici justice à tous nos concitoyens : il est impossible de trouver un concours plus empressé, plus cordial, plus unanime que celui qui vous a été offert.

La marche des évènements allait bientôt mettre votre dévouement à une nouvelle épreuve. Une dépêche de M. Foucher de Careil, en date du 3 novembre 1870, nous annonçait que M. le docteur Pringué, notre compatriote, avait été nommé à la direction des ambulances de notre département et nous invitait à lui venir en aide dans la limite de nos ressources. Vous saviez que la charité des Morbihannais est inépuisable et vous n'avez pas hésité à y faire un suprême appel.

Tandis qu'à la préfecture une réunion de dames sous l'impulsion et la direction de Madame Ratier et de Madame Émile Burgault confectionnait pour ces soldats improvisés des vêtements, des ceintures, des gilets, des couvertures, vous vous occupiez de former un matériel d'ambulance aussi complet que possible, et c'est ici surtout que le produit des quêtes ordonnées par Monseigneur l'Évêque vous a été utile. Grâce à cet auguste concours, vous avez pu fournir à nos ambulances des chevaux, des chariots, des effets de campement insuffisants, sans doute, et cependant bien utiles dans l'état de détresse où elles étaient réduites. Le corps ecclésiastique a largement payé sa dette en fournissant des aumôniers, des ambulanciers admirables de zèle et de dévouement. L'administration des hospices, l'autorité municipale ont créé des succursales où ont été reçus les mobilisés du Finistère et d'autres malades entraînés avec eux dans l'immense déroute qui a suivi la bataille du Mans. Les offres que les habitants du Morbihan avaient faites de leurs maisons n'ont pas été utilisées, l'administration a pu suffire aux exigences du service sanitaire. Toutefois, je dois signaler comme ayant logé et secouru un grand nombre de malades, l'établissement Saint-François-Xavier où les Pères Jésuites ont reçu pendant plusieurs mois plus de 180 malades et où les dames de Vannes dirigées par Madame de Cussé et par Madame la marquise de Gouvello ont rempli les fonctions d'infirmières avec une intrépidité réelle, car plusieurs de ces malades étaient atteints d'affections contagieuses et fréquemment mortelles.

Je citerai la maison des Petites-Sœurs des pauvres qui a logé et traité habituellement 25 malades par jour.

Je serais injuste si je ne signalais à votre reconnaissance la maison des Dames de la Retraite. Depuis le 9 décembre 1870 jusqu'au 25 mai 1871, l'ambulance établie dans cette maison a reçu 19 blessés. La population habituelle a été de 15 à 16 malades par jour. Tous ont été logés, nourris, fournis de médicaments aux frais de la communauté. Je puis certifier, après avoir dirigé cette ambulance, qu'elle peut être citée comme un modèle de propreté minutieuse, de soins hygiéniques et de prévenances les plus délicates.

Pendant le séjour dans notre ville de la légion des gardes-nationales mobilisées du Finistère, vous êtes subvenus à toutes les nécessités du service des ambulances de ce corps éprouvé par de nombreuses maladies.

Quant aux mouvements de la population malade, vous n'avez pas à vous en occuper, les services militaires et l'intendance s'étant spécialement chargés de ces renseignements.

Je ne terminerai pas l'exposé de nos travaux pendant ces longs mois si douloureux, sans exprimer à nos collègues, les membres du Comité de Lorient, un sentiment qui nous anime tous et dont je suis heureux d'être l'interprète.

Ce Comité, présidé par mon savant et respectable confrère, M. Maher, a collaboré avec la plus grande cordialité à l'approvisionnement des ambulances du Morbihan ; il a fourni les médicaments et surtout les appareils à fractures avec profusion et discernement ; puis, quand la guerre a été terminée, il a offert en don aux hôpitaux de notre ville, ces objets qui lui faisaient défaut.

Que nos confrères de Lorient trouvent ici l'expression de notre profonde gratitude.

# LISTE



DES

# MEMBRES DU COMITÉ SECTIONNAIRE

DES ARRONDISSEMENTS DE VANNES ET DE PLOERMEL.

---

## COMITÉ DES HOMMES.

### PRÉSIDENT D'HONNEUR :

## Monseigneur BÉCEL, Évêque de Vannes.

---

### BUREAU.

*Président.* — Le docteur MAURICET, père.
*Vice-prés.* — Le docteur DE CLOSMADEUC.
*Trésorier.* — M. FRAYSSINEAU nommé en remplacement de M. Vincent POCARD-KƳVILER, décédé.
*Secrétaire.* — M. BOURDONNAY, avoué-licencié, nommé en remplacement de M. BATBY-BERQUIN, démissionnaire.

### Membres fondateurs.

MM. ACHÉ, maire de Vannes,
BATBY-BERQUIN, avocat,
BURGAULT, avocat, ancien maire de Vannes,

MM. DE CLOSMADEUC, docteur-médecin,
DUBOIS, négociant,
FOUCHARD, (l'abbé) vicaire général,
GUÉRIN, négociant,
JOLLIVET, ancien notaire,
LALLEMENT, vice-président du Conseil de préfecture,
LE MINTIER DE LÉHELEC, propriétaire,
MAURICET, père, docteur-médecin,
MORIO, adjoint au maire de Vannes,
PAVOT, chef de division à la préfecture,
PELÉ DE QUÉRAL, docteur médecin,
POCARD-KVILER (Vincent).

**Membres appelés par suite de la délibération du 2 novembre 1870.**

MM. BOURDONNAY, avoué-licencié en droit,
CHAUFFIER, (l'abbé),
FRAYSSINEAU, capitaine en retraite,
FERRAND, négociant,
GEFFROY, (frère) directeur des Écoles chrétiennes,
LALLEMENT, ancien maire de Vannes,
LE CALONNEC, capitaine en retraite,
LE GALLIC DU RUMEL, pharmacien,
LORÉAL, chef de bataillon en retraite,
MÉRESSE, juge d'instruction,
OIZAN, étudiant en médecine,
PÉDRON, ancien employé des contributions,
POCARD-KVILER, capitaine de frégate en retraite,
ROPERT, négociant.

**Médecins et chirurgiens.**

MM. DE CLOSMADEUC, *Vannes,*
CORNUDET, *La Roche-Bernard,*
DANET, *Josselin,*
DIEU, *Guer,*
MAURICET, père, *Vannes,*
PELÉ DE QUÉRAL, *Vannes,*
PRINGUÉ, *Ploërmel.*

## PERSONNEL DE L'AMBULANCE VOLANTE DU MORBIHAN,

### AU CAMP DE CONLIE.

*Médecin en chef.* — D^r PRINGUÉ,
*Chirurgien-major.* — D^r COSMAHO-DUMENEZ,
*Aide-major.* — D^r SAGOT,
*Aumônier.* — M. l'abbé PERRON,

### Infirmiers séminaristes.

MM. ALLANIOUX,            HUIBAN,
    DERVAL,               LE BIDEAU,
    ÉTESSE,               LE BRAS,
    FLEURY,               LE TEXIER.

## COMITÉ DES DAMES.

*Présidente.* — M^me LEMPEREUR DE SAINT-PIERRE, présidente, remplacée par M^me GENEVRIER, en religion Sœur SOPHIE, supérieure de l'hôpital civil et militaire.
*Vice-prés.* — MM^mes DE LIMUR,
                     PRADIER.
*Secrétaire.* — M^me DE CAMAS.
*Conseillères.* — MM^mes BOULLÉ,
                       FRABOULET,
                       DE FRANCHEVILLE,
                       JOLLIVET, mère,
                       JUBIER, mère,
                       LALLEMENT, Léon,
                       LE BŒUF,
                       TASLÉ, mère.

Vannes. — Imp. de L. Galles.

www.ingramcontent.com/pod-product-compliance
Lightning Source LLC
LaVergne TN
LVHW021625170726
843501LV00010B/4159